Todo climas

por Della Cohen

Scott Foresman
is an imprint of

Glenview, Illinois • Boston, Massachusetts • Chandler, Arizona
Upper Saddle River, New Jersey

ISBN 13: 978-0-328-47535-3
ISBN 10:　　 0-328-47535-1

5　16

Está fresco.

Podemos brincar.

3

Está frío.

Podemos hacer un muñeco
de nieve.

Está templado.

Podemos jugar futbol.

Está caluroso.

Podemos nadar.

Está mojado.

¡Podemos salpicar!

Está seco.

¡Podemos tomar una bebida!